Langenscheidt
Englisch-*Flip*
Grammatik

von Anke Williamson

Langenscheidt

Berlin · München · Wien · Zürich · New York

Herausgegeben von der Langenscheidt-Redaktion
Layout: Ute Weber

www.langenscheidt.de

© 2008 by Langenscheidt KG, Berlin und München
Satz: kaltnermedia, Bobingen
Druck: LVDM Landesverlag-Denkmayr, Linz
Printed in Austria

ISBN 978-3-468-34960-7

Vorwort

Wenn Sie sich den Englisch-*Flip* zwischendurch einverleiben, werden Sie entdecken, wie erfrischend Grammatik doch sein kann. Der Englisch-*Flip* ermöglicht Ihnen einen schnellen Überblick über die wichtigsten Grammatikthemen.

Jedes Kapitel hat einen übersichtlichen Aufbau, in der Regel: Grundregel – Formen – Gebrauch. Zahlreiche Beispiele, stets mit deutscher Übersetzung, und einfache Erklärungen fördern das Verständnis und veranschaulichen die Regeln.

Auch die farbige Gestaltung (fremdsprachliche Wörter und Beispielsätze sind im Text hellblau hervorgehoben) und viele selbsterklärende Symbole helfen Ihnen, sich innerhalb der Kapitel auf Anhieb gut zurechtzufinden. Folgende Symbole werden Ihnen begegnen:

G leitet die wichtigsten Regeln zum Thema ein.

⚡ weist Sie auf wichtige Unterschiede zwischen der Fremdsprache und dem Deutschen hin sowie auf mögliche Fehlerquellen.

🌑 signalisiert Ihnen, dass es sich hier um eine Ausnahme oder Sonderform handelt, die Sie sich auf jeden Fall besonders einprägen sollten.

Wenn Sie dem Symbol ▷ folgen, können Sie ganz leicht nachvollziehen, wie die einzelnen Themen zusammenhängen.

So können Sie jedes Grammatikthema schnell lernen und auch jederzeit wieder auffrischen, und zwar überall. Denn der Englisch-*Flip* ist klein und handlich und damit Ihr idealer Begleiter für unterwegs.

Wir wünschen Ihnen viel Spaß und Erfolg beim Englischlernen!

Inhaltsverzeichnis

Abkürzungen – Abbreviations 6

① Der Artikel – The Article **7**
  Der bestimmte Artikel – The Definite Article 7
  Der unbestimmte Artikel – The Indefinite Article 9

② Das Substantiv – The Noun **11**
  Das Genus – The Gender 11
  Der Plural – The Plural 11
  Das Genitiv – The Genitive 12

③ Das Adjektiv – The Adjective **13**

④ Das Adverb – The Adverb **15**

⑤ Das Personalpronomen – The Personal Pronoun **17**

⑥ Das Possessivpronomen – The Possessive Pronoun .. **18**

⑦ Das Demonstrativpronomen –
  The Demonstrative Pronoun **19**

⑧ Das Relativpronomen – The Relative Pronoun **20**

⑨ Das Indefinitpronomen –
  The Indefinite Pronoun **22**
  Some – any 22
  Much – many 23
  A few, a little – few, little 24
  No – none 24
  Every, each und any 25

⑩ Das Verb – The Verb **26**
  Das vollständige Hilfsverb – The Auxiliary Verb 26
  Das unvollständige Hilfsverb – The Modal Auxiliary 28

⑪ Das Präsens – The Present **32**
  Das Simple present – The Simple Present 33
  Das Present progressive – The Present Progressive 33

Inhaltsverzeichnis

12 Die Vergangenheit – The Past **34**
Das Simple past und das Past progressive –
The Simple Past and the Past Progressive 34
Das Present perfect und das Present perfect progressive –
The Present Perfect and the Present Perfect Progressive 35
Das Past perfect – The Past Perfect 36

13 Das Futur – The Future **37**

14 Das Partizip – The Participle **38**
Das Partizip als Prädikatsergänzung – The Participle as
Predicate Complement 38
Das Partizip als Adverbialbestimmung – The Participle
as Adverbial Qualification 39

15 Das Gerund – The Gerund **40**

16 Der Infinitiv – The Infinitive **43**
Der Infinitiv ohne to – The Infinitive Without To 44
Der Infinitiv mit to – The Infinitive With To 45

17 Das Passiv – The Passive **47**
Die Zeitformen im Passiv – The Passive Tenses 47
Das Subjekt im Passivsatz – The Subject in the Passive
Sentence 48

18 Präpositionen – Prepositions **50**

19 Zahlwörter – Numerals **53**
Die Grundzahlen – The Cardinal Numbers 53
Die Ordnungszahlen – The Ordinal Numbers 54

20 Die Frage – The Question Form **55**
Die Frage mit Fragepronomen – The Question with
the Interrogative Pronoun 55
Die Entscheidungsfrage – The Yes/No Question 56
Die Bestätigungsfrage – The Question Tag 56

21 Die Verneinung – The Negative 57
Der verneinte Aussagesatz – The Negative Statement 57
Der verneinte Fragesatz – The Negative Question 58
Der verneinte Aufforderungssatz –
The Negative Request 58

22 Der Bedingungssatz – The Conditional Sentence 59
Der reale Bedingungssatz – The First Conditional 59
Der irreale Bedingungssatz – The Second Conditional .. 60
Der irreale Bedingungssatz mit Vergangenheitsbezug –
The Third Conditional 60

23 Die indirekte Rede – Reported Speech 62
Die Zeitverschiebung – The Change of Tense 62
Die Zeit- und Ortsangabe – The Reference to Time
and Location 63
Die Frage- und Aufforderungssätze – The Form for
Questions and Requests 64

Abkürzungen

AE	American English	*jdm.*	jemandem
BE	British English	*jdn.*	jemanden
Adj.	Adjektiv	*NS*	Nebensatz
Akk.	Akkusativ	*P.*	Person
bzw.	beziehungsweise	*Pl.*	Plural
Dat.	Dativ	*sb.*	somebody
d. h.	das heißt	*s. o.*	siehe oben
etc.	etcetera	*Sg.*	Singular
etw.	etwas	*z. B.*	zum Beispiel
HS	Hauptsatz	*z. T.*	zum Teil

1 Der Artikel

1.1 Der bestimmte Artikel

Grundregel
G Anders als im Deutschen gibt es in der englischen Sprache nur einen bestimmten Artikel: the.

Aussprache

Vor Konsonanten im Anlaut wird er [ðə] gesprochen	Vor Vokalen im Anlaut wird er [ðiː] gesprochen
the clock *die Uhr* the beautiful bird *der schöne Vogel*	the afternoon *der Nachmittag* the inner city *die Innenstadt*

Entscheidend ist immer die Aussprache der Wörter nach dem Artikel, nicht die Schreibung.

Vor [juː] lautet der Artikel [ðə]
the [ðə] **u**niversity *die Universität*
aber: the [ðiː] **u**mbrella *der Schirm*

Vor stummem h wird er [ðiː] ausgesprochen.
the [ðiː] **h**our *die Stunde*
aber: the [ðə] **h**en *die Henne*

Gebrauch
Der bestimmte Artikel wird meist wie im Deutschen verwendet.

Allgemeiner und konkreter Gebrauch von Substantiven:
- Verwendet man abstrakte Begriffe und Stoffnamen allgemein, steht kein Artikel. A lot of house owners use **wood** for heating. *Viele Hausbesitzer benutzen Holz zum Heizen.*
- In einem konkreten Zusammenhang erhalten die Substantive jedoch den bestimmten Artikel. When you drill the hole, don't split **the wood**. *Spalte nicht das Holz, wenn du das Loch bohrst.*

- Kein bestimmter Artikel erscheint vor Gebäudenamen, wenn sie im Satz verallgemeinernd als Institution gebraucht werden. **Mr Brown is in hospital.** *Mr Brown liegt im Krankenhaus.*
- Ist dagegen ein bestimmtes Gebäude gemeint, wird der Artikel verwendet. **The hospital opposite the park has got a very good reputation.** *Das Krankenhaus gegenüber dem Park hat einen sehr guten Ruf.*
- Artikellos bleiben in der Regel die Namen der Monate, Wochentage, Festtage und der Mahlzeiten. **In May our garden is in full bloom.** *Im Mai steht unser Garten in voller Blüte.* **Lunch is ready.** *Das Mittagessen ist fertig.*
- Ohne Artikel stehen geographische Bezeichnungen von Ländern, Bergen und Seen im Singular sowie Straßen- und Gebäudenamen. **Have you climbed Ben Nevis?** *Bist du auf den Ben Nevis gestiegen?*
- Namen von Gebirgen und Ländernamen im Plural erhalten jedoch den bestimmten Artikel. **Have you ever been to the United States?** *Warst du schon einmal in den USA?*
- Auch in Verbindung mit Adjektiven wie poor, old etc. erhalten Personen- und Verwandtschaftsnamen sowie Titel keinen Artikel. **Poor Peter has fallen ill again.** *Der arme Peter ist schon wieder krank geworden.* **King Henry VIII ruled for 38 years.** *König Heinrich VIII regierte 38 Jahre.* (◗ Aber: **the Queen of England**)
- Nach all, both, half, double, twice und quite steht der bestimmte Artikel. **Repairing the car took John half the time he had thought it would.** *John brauchte halb solange, um sein Auto zu reparieren, als er dachte.*
- Kein Artikel steht in Verbindung mit most, next und last. **Most people have a computer at home these days.** *Die meisten Leute haben heutzutage einen Computer zu Hause.*

1.2 Der unbestimmte Artikel

Grundregel

G Es gibt nur einen unbestimmten Artikel im Englischen mit den zwei Formen **a** und **an**. Wenn das nachfolgende Wort einen *Konsonanten im Anlaut* hat, steht **a**. Beginnt es dagegen mit einem *Vokal*, erscheint **an**.

Formen

Entscheidend ist dabei die Aussprache, nicht die Schreibung.
a sheep *ein Schaf*
a nice meal *ein gutes Essen*
an ant *eine Ameise*
an open book *ein offenes Buch*

Vor [ju:] steht **a**:
Alan joined **a** union when he was 20. *Alan trat einer Gewerkschaft bei, als er 20 war.*
⚡ Aber: During our last holiday we went to see **an** underground cave. *Während unserer letzten Ferien, sahen wir uns eine unterirdische Höhle an.*

Vor stummem *h* erscheint **an**:
A lot of sportsmen and -women feel it is **an** honour to take part in the Olympics. *Viele Sportler und Sportlerinnen empfinden es als Ehre, an den Olympischen Spielen teilzunehmen.*
⚡ Aber: It was **a** huge mistake to drop out of school. *Es war ein riesiger Fehler, die Schule abzubrechen.*

Gebrauch

In der Regel verwendet man den unbestimmten Artikel wie im Deutschen. Abweichend vom Deutschen, steht er:

- bei Angabe einer Berufsbezeichnung, Nationalität oder religiösen Zugehörigkeit: Mrs Bloomwood works as a teacher. *Mrs Bloomwood arbeitet als Lehrerin.* Carolin's husband is a Dane. *Carolins Ehemann ist Däne.*
- Titel werden dagegen nicht mit dem unbestimmten Artikel versehen, wenn sie einmalig sind. As **mayor** he has to cooperate with a lot of different interest groups. *Als Bürgermeister muss er mit vielen verschiedenen Interessengruppen kooperieren.*
- in Zeit- und Maßangaben: We go swimming twice a week. *Wir gehen zweimal in der Woche schwimmen.* The cake costs £1 a slice. *Das Stück Kuchen kostet £1.*
- nach half, what, quite, such, rather: What a funny name! *Was für ein lustiger Name!* Nick is quite a good swimmer. *Nick ist ein ziemlich guter Schwimmer.*
- nach so, too und however + Adj. (⚡ Nachstellung von a/an beachten): It is too good an opportunity to waste. *Die Chance ist zu gut, sie nicht wahrzunehmen.*
- meist nach as und for: Don't take it personally, it was meant as a joke. *Nimm das nicht persönlich, das war als Witz gemeint.*

Einige Redewendungen mit dem unbestimmten Artikel:

> to be in a hurry *es eilig haben*
> to have a headache *Kopfschmerzen haben*
> to have a temperature *Fieber haben*
> it's a pity *das ist schade*
> for a change *zur Abwechslung*
> as a rule *in der Regel*
> to make a noise *Lärm machen*
> without a break *ohne Unterbrechung*

2 Das Substantiv

2.1 Das Genus

Im Englischen gibt es bei den Substantiven keine Unterscheidung nach dem grammatischen Geschlecht. In den meisten Fällen können sich Begriffe wie Berufsbezeichnungen auf männliche oder weibliche Personen beziehen.
Yesterday I saw mum's **doctor** at the hospital. **She** said mum could come home on Friday. *Gestern habe ich Mutters Ärztin im Krankenhaus getroffen. Sie sagte, Mutter könnte am Freitag nach Hause kommen.* Ebenso: friend, neighbour etc.

Manchmal wird das natürliche Geschlecht durch die Nachsilbe -ess für die weibliche Form oder durch die vorangestellten Wörter male bzw. female sowie durch Wortpaare ausgedrückt. He is training to be a **male** nurse. *Er macht eine Ausbildung als Krankenpfleger.*

waiter/wait**ress** *Kellner/Kellnerin*

2.2 Der Plural

Grundregel

G Die meisten Substantive bilden den Plural mit der Endung -s.

Formen

flower – flower**s** *die Blume – die Blumen*

Bei einigen ausgewählten Endungen im Singular weist das Substantiv im Plural *andere Endungen* auf.

Singularendung	Pluralendung	Beispiele
-s, -x, -z, -ch, -sh	-es	bus/bus**es** *der Bus*
-o	-es	tomato/tomato**es** *die Tomate*

Der Grundregel folgen jedoch: **photo, radio, video** etc.

-y	-ies	country/countries *das Land*
Nach einem Vokal bleibt die Endung **-y** jedoch auch im Plural erhalten.		
		boy/boys *der Junge*
-fe/-f	-ves	life/lives *das Leben*

Unregelmäßige Pluralformen:
woman – women *die Frau – die Frauen*
child – children *das Kind – die Kinder*
foot – feet *der Fuß – die Füße*

- Manche Mengenbegriffe werden nur im Singular gebraucht. Das betrifft Stoffbezeichnungen wie hair, tea etc., Sammelbegriffe wie homework, luggage und Abstrakta wie information und advice. My luggage is very heavy. *Mein Gepäck ist sehr schwer.* Vereinzelung möglich durch z. B.: a piece of information *eine Information*
- Immer im Plural stehen u. a. Begriffe für zweiteilige Sachen wie: trousers, glasses und scissors und Sammelbegriffe wie clothes.

2.3 Der Genitiv

Grundregel

Um eine Zugehörigkeit oder einen Besitz auszudrücken, wird bei Personen und Tieren meist *der -s-Genitiv* verwendet. Steht das Substantiv im Singular, wird an das Wort ein *Apostroph* + s angefügt. Substantive im Plural nach der Grundregel erhalten nur ein Apostroph.

Singular: Christine's cat *Christines Katze*
Plural: the teachers' room *das Lehrerzimmer*

Der Genitiv von Substantiven, die *Sachen* benennen, wird mit einer of-Fügung gebildet.
the top of the mountain *die Bergspitze*

3 Das Adjektiv

Grundregel

Das Adjektiv, das Eigenschaften von Personen und Sachen ausdrückt, ist im Englischen unveränderlich. Es kann im Satz an zwei Stellen erscheinen: vor dem Substantiv, das es näher bestimmt, und nach dem Verb.

Formen und Gebrauch

Artikel/Adjektiv/Substantiv
the **old** man *der alte Mann*
Artikel/Substantiv/Verb/Adjektiv
The book looks **old**. *Das Buch sieht alt aus.*

Nach *Zustands-* und *Vorgangsverben* wie be, stay, seem, become und *Wahrnehmungsverben* wie look, taste oder smell folgt immer ein *Adjektiv* statt eines *Adverbs*. Their children are very **polite**. *Ihre Kinder sind sehr höflich.* That smells **good**. Have you been baking? *Das riecht gut. Hast du gebacken?*

Steigerung

Alle einsilbigen und die zweisilbigen Adjektive mit der Endung -y, -er, -le und -ow erhalten im *Komparativ* die Endung -er, im *Superlativ* die Endung -est.

Kate runs fast. *Kate rennt schnell.*
Fiona runs fast**er**. *Fiona rennt schneller.*
Sophie runs fast**est**. *Sophie rennt am schnellsten.*

⚡ Beachte: Nach kurzem, betontem Vokal wird der Endkonsonant verdoppelt: hot – hot**t**er *heiß – heißer*. Nach einem Konsonanten verändert sich -y zu -i(er/est). an eas**y**/an eas**i**er/the eas**i**est task *eine leichte/eine leichtere/die leichteste Aufgabe*

Alle zwei- und mehrsilbigen Adjektive (außer s.o.) bilden den *Komparativ* mit more. Der *Superlativ* wird mit most gebildet.

> an interesting film *ein interessanter Film*
> a **more** interesting film *ein interessanterer Film*
> the **most** interesting film *der interessanteste Film*

◗ *Unregelmäßig* werden u. a. good, bad, many/much und little gesteigert.

	Komparativ	**Superlativ**
good *gut*	better *besser*	best *am besten*
bad *schlecht*	worse *schlechter*	worst *am schlechtesten*
many/much *viel*	more *mehr*	most *am meisten*
little *wenig*	less *weniger*	least *am wenigsten*

◗ Für einige Adjektive wie z. B. near gibt es je zwei Steigerungsformen, die Verwendungs- oder Bedeutungsunterschiede aufweisen. Nearer/nearest gibt eine Reihenfolge in räumlicher Hinsicht an, next eine zeitliche Reihenfolge. Where is the **nearest** supermarket? *Wo ist der nächste Supermarkt?* We will meet **next** Friday. *Wir treffen uns nächsten Freitag.*

Vergleich

Gleichheit wird durch as + Grundform des Adjektivs + as ausgedrückt.
Ungleichheit wird beschrieben mit not as/so + Grundform des Adjektivs + as, kann aber auch mit dem *Komparativ* des Adjektivs + than gebildet werden.
Our new car is **as** fast **as** the old one. *Unser neues Auto ist so schnell wie das alte.* Summers in Germany are **not as** hot **as** in Greece. *Die Sommer in Deutschland sind nicht so heiß wie in Griechenland.* Summers in Greece are **hotter than** in Germany. *Die Sommer in Griechenland sind heißer als in Deutschland.*

4 Das Adverb

Grundregel
G Adverbien, die im Englischen meist eine andere Form als Adjektive haben, bestimmen ein Verb, Adjektiv, Adverb oder einen Satz näher.
Fortunately he caught the train. *Glücklicherweise erreichte er noch den Zug.* The bride smiled **happily**. *Die Braut lächelte glücklich.* Summer came **very** slowly. *Es wurde nur sehr langsam Sommer.*

Formen und Gebrauch
Sehr häufig werden Adverbien mit Hilfe der Endung -ly von Adjektiven abgeleitet.

quick – quickly *schnell*
strong – strongly *stark*
🌙 aber: good – well *gut*

- Dabei wandelt sich in mehrsilbigen Adjektiven -y zu -i: happy – happily *glücklich* (🌙 aber: shy – shyly *schüchtern*)
- Die Adjektivendung -le wird nach Konsonant zu -ly: understandable – understandably *verständlich*
- Aus der Endung -ic wird -ically: ironic – ironically *ironisch*
- Adjektive, die bereits auf -ly enden, werden mit in a .... way/manner umschrieben: friendly – in a friendly way *freundlich*

🌙 Einige Adverbien wie then, soon, here sind gar nicht abgeleitet.
Andere existieren als Adverbien in zwei Formen – mit und ohne -ly – mit unterschiedlicher Bedeutung.
You need a break. You have worked so **hard** recently. *Du brauchst eine Pause. Du hast in letzter Zeit so hart gearbeitet.* I work such long hours, I **hardly** see my friends anymore. *Ich arbeite so viel, dass ich kaum noch*

meine Freunde treffe. Ebenso: late *spät* – lately *kürzlich.*
Daily, weekly, monthly und yearly ebenso wie fast und long haben als Adjektiv und Adverb die gleiche Form.

Steigerung und Vergleich
Vergleiche werden bei Adverbien genauso konstruiert wie bei Adjektiven (as … as bzw. … than).
In Anlehnung an die Adjektive werden einsilbige Adverbien mit der Endung -er im *Komparativ* und -est im *Superlativ* gesteigert. Eric can read **as** fast **as** Tony, but Michael can read fast**est**. *Eric kann so schnell wie Tony lesen, aber Michael kann am schnellsten lesen.*
Für Adverbien auf -ly verwendet man more und most.
Ken learned to ride the bike **more** easily **than** his brother Joe, but their sister Jane learned it **most** easily. *Ken lernte das Fahrradfahren leichter als sein Bruder Joe, aber ihre Schwester Jane lernte es am leichtesten.*

> 🔊 Unregelmäßige Steigerungsformen:
> well – better – best *gut – besser – am besten*
> badly – worse – worst *schlecht – schlechter – am schlechtesten*

Stellung im Satz
- Gradadverbien stehen vor dem Adjektiv oder Adverb, das sie näher bestimmen. She looked **very** carefully through her bag to find her key. *Sie suchte sehr sorgfältig in ihrer Tasche nach ihrem Schlüssel.*
- Adverbien der Art und Weise stehen oft nach dem Vollverb bzw. seinem direkten Objekt. The children in the choir sang **beautifully**. *Die Kinder im Chor sangen wunderschön.*
- Allgemeine Zeitadverbien wie soon, already, now sind meist vor dem Vollverb bzw. nach dem ersten Hilfsverb zu finden. He will **soon** realize that he has made a mistake. *Ihm wird bald klar werden, dass er einen Fehler gemacht hat.*

5 Das Personalpronomen

Grundregel

Da sich englische Substantive nicht nach dem grammatischen Geschlecht unterscheiden, bezieht sich *it* grundsätzlich auf *Sachen*, *he* und *she* ausschließlich auf *Personen*. *Yesterday Eliza bought a new coat. It looks very fashionable.* Gestern kaufte sich Eliza einen neuen Mantel. Er sieht sehr modisch aus.

Formen

Person	Personalpronomen	
	Subjektform	Objektform
1. Sg.	I	me
2. Sg.	you	you
3. Sg	he/she/it	him/her/it
1. Pl.	we	us
2. Pl.	you	you
3. Pl.	they	them
Allgemein	one	one

⚡ Im Englischen gibt es keine Höflichkeitsform: beide Formen *du* und *Sie* werden mit *you* wiedergegeben. Den deutschen Akkusativ- und Dativformen entspricht im Englischen jeweils nur *eine* Objektform. *I saw her yesterday.* Ich habe sie gestern gesehen. (Akk.)
I gave her the money. Ich gab ihr das Geld. (Dat.)

Das deutsche Wort *man* mit seiner verallgemeinernden Bedeutung erscheint im Englischen meist als *you* oder *they* (formal auch als *one*). *You should go to the dentist twice a year.* Man sollte zweimal im Jahr zum Zahnarzt gehen. *They say that our local school is very good.* Man sagt, dass unsere hiesige Schule sehr gut ist. *One should never say never.* Man sollte nie nie sagen.

6 Das Possessivpronomen

Grundregel
🅖 *Attributive Possessivpronomen* gehen einem Substantiv voraus, um eine Zugehörigkeit auszudrücken.
my mother *meine Mutter*

Formen

Person	Possessivpronomen	
	attributiv	alleinstehend
1. Sg.	my	mine
2. Sg.	your	yours
3. Sg.	his/her/its	his/hers
1. Pl.	our	ours
2. Pl.	your	yours
3. Pl.	their	theirs
Allgemein	one's	one's own

Häufiger als im Deutschen wird das Possessivpronomen in Verbindung mit Körperteilen und Kleidungsstücken benutzt. Why don't you take **your** jacket off? *Warum ziehst du die Jacke nicht aus?* She says she has broken **her** arm. *Sie sagt, sie hat sich den Arm gebrochen.*

Alleinstehende Possessivpronomen können im Satz ohne Substantiv stehen. Sie werden selbständig oder in einer of-Fügung gebraucht. Is this pen **mine** or **yours**? *Gehört der Stift mir oder Ihnen?* William is a colleague **of mine**. *William ist ein Kollege von mir.*

7 Das Demonstrativpronomen

Grundregel
G Mit den Demonstrativpronomen this/that im *Singular* und these/those im *Plural* weist man auf Personen oder Sachen hin bzw. stellt sie einander gegenüber.

Gebrauch
Dabei beziehen sich this bzw. these (im Sinne von *dies/diese hier*) auf etwas *Näheres* und that bzw. those (im Sinne von *jenes/jene dort*) auf etwas *Entfernteres*.
What do you think of this red sofa? *Wie gefällt dir dieses rote Sofa?* I prefer that blue one over there. *Ich mag das blaue dort drüben mehr.*

- Im Plural stehen sich these und those gegenüber.
  These cherries here on the table are for you, **those** cherries over there are for your sister. *Diese Kirschen hier auf dem Tisch sind für dich, die dort drüben sind für deine Schwester.*

- Geht es um *zeitliche Zusammenhänge*, verwendet man this und these für Zeiträume im Umfeld der Sprechzeit, während sich that und those auf entferntere Zeiten in der Vergangenheit beziehen.
  This morning I had a nice long breakfast. *Heute Morgen habe ich schön lange gefrühstückt.* **Those** were the days. *Das waren noch Zeiten.*

8 Das Relativpronomen

Relativsätze bestimmen ein Substantiv oder einen Satz näher. Sie werden außer in der Kontaktkonstruktion von Relativpronomen eingeleitet.

Grundregel

G Who bezieht sich auf *Personen* im übergeordneten Satz, which auf *Sachen*. That kann für *beides* verwendet werden. Alle drei werden auch für Bezugswörter im Plural verwendet.

Formen

Who, which und that können Subjekt oder Objekt des Relativsatzes sein, ohne ihre Form zu ändern.

Who, that und which als Subjekt des Relativsatzes
That is the neighbour **who/that** complained about our party yesterday. *Das ist der Nachbar, der sich über unsere Party gestern beschwert hat.*

Who, that und which als Objekt des Relativsatzes
Maggie visits the young man **who/that** she met on her last flight to France. *Maggie besucht den jungen Mann, den sie auf ihrem letzten Flug nach Frankreich kennengelernt hat.*

Gebrauch

- Ist das Bezugswort eine Sache, wird häufiger that gebraucht. Can you recommend anything **that (which)** helps with headaches? *Können Sie irgendetwas empfehlen, das bei Kopfschmerzen hilft?*
- Relativpronomen, die als Objekte eines notwendigen Relativsatzes dienen, fallen im mündlichen Gebrauch oft weg. Eine solche reduzierte Konstruktion heißt Kontaktkonstruktion. Notwendig ist ein Relativsatz dann, wenn er zum Verständnis des übergeordneten Satzes wesentlich ist. Janice is the friend **(who/that)** I

Das Relativpronomen

studied with in Birmingham. *Janice ist die Freundin, mit der ich in Birmingham studiert habe.*

- Im notwendigen Relativsatz steht die Präposition in den meisten Fällen (insbesondere in Kontaktkonstruktionen) hinter dem Verb (und seinem Objekt) oder dem Adjektiv, zu dem sie gehört. This is the lady **who/that** I used to have piano lessons **with** as a child. *Das ist die Frau, bei der ich als Kind Klavierunterricht hatte.*
- Ein Relativsatz ergänzt einen übergeordneten Satz, wenn er zu dessen Verständnis nicht notwendig ist und daher nur Zusatzinformationen gibt. Er wird von Kommas eingeschlossen und enthält notwendigerweise ein Relativpronomen. Im ergänzenden Relativsatz erscheint nie that. Für Personen in Subjektfunktion steht who, in Objektfunktion whom, für Sachen wird which verwendet. Gibt es eine Präposition, steht diese immer vor dem Relativpronomen. Mr Francis, **for whom** I stepped in two weeks ago, is ill again. *Mr Francis, den ich vor zwei Wochen vertreten habe, ist schon wieder krank.*
- Das Relativpronomen whose drückt Besitz aus und kann sich auf Personen oder Sachen beziehen. Unfortunately we had to cut down the tree **whose** top was broken off in the last storm. *Leider mussten wir den Baum fällen, dessen Spitze im letzten Sturm abgebrochen war.*
- Das Relativpronomen which kann sich statt auf ein Substantiv auch auf einen ganzen Satz beziehen. Dabei handelt es sich immer um einen ergänzenden Relativsatz, der mit einem Komma vom Hauptsatz abgetrennt wird. As a student he learned three languages, **which** helps him a lot in his job now. *Als Student hat er drei Sprachen gelernt, was ihm jetzt sehr in seinem Beruf hilft.*

9 Das Indefinitpronomen

9.1 Some – any

Beide Pronomen bezeichnen eine unbestimmte Anzahl. Sie können sich dabei auf nicht-zählbare Substantive und Substantive im Plural beziehen.

Grundregel

G Tendenziell wird some in bejahten Sätzen benutzt, während any in Fragen und Verneinungen vorkommt.

Gebrauch

Aussagesätze: Don't forget to feed the rabbits. There are **some** carrots in the fridge and there is **some** hay in the shed. *Vergiß nicht, die Kaninchen zu füttern. Ein paar Möhren sind im Kühlschrank und etwas Heu ist im Schuppen.* I cannot find **any** milk or bread. *Ich kann keine Milch und kein Brot finden.*

Eine verneinende Bedeutung kann auch mit den Adverbien hardly, never, rarely und der Präposition without ausgedrückt werden, daher folgt ihnen any. I have never had **any** problems with my car. *Ich hatte noch nie Probleme mit meinem Auto.*

Fragesätze: In Fragesätzen, bei denen die Antwort offen ist, verwendet man any. Have we got **any** coffee left? *Haben wir noch Kaffee da?*
Handelt es sich dagegen um Bitten in Form einer Frage, wird some benutzt. Can I have **some** milk, please? *Kann ich bitte etwas Milch haben?*

Zusammensetzungen mit some und any: Someone/ somebody bezeichnen eine Person im Sinne von *(irgend-) jemand*, anyone/anybody im Sinne von *(irgend-) jemand, jeder beliebige, überhaupt jemand*. Die Regeln des Gebrauchs für some und any gelten auch hier. Can you go and help Mrs Jackson, please. She needs **somebody** to help carry the books. *Kannst du bitte Mrs Jackson helfen. Sie braucht jemanden, der hilft die Bücher zu tragen.* Has **anybody** shown **any** interest in the topic? *Hat überhaupt irgendjemand Interesse für dieses Thema gezeigt?*

> **Andere Zusammensetzungen lauten:**
> something *etwas*
> anything *(irgend-) etwas*
> somewhere *irgendwo, irgendwohin*
> anywhere *irgendwo, irgendwohin*
> sometimes *manchmal*
> somehow *irgendwie*

9.2 Much – many

Diese Pronomen stehen für das deutsche *viel, viele*. Sie unterscheiden sich jedoch im Gebrauch.

Grundregel

G Much geht nicht-zählbaren Substantiven voraus. Many steht vor zählbaren Substantiven. The children haven't got **much** time for playing after school. *Die Kinder haben nach der Schule nicht viel Zeit zum Spielen.* How **many** biscuits have you eaten? *Wie viele Kekse hast du gegessen?*

Gebrauch

Much und many werden meist in Fragen und Verneinungen verwendet. In bejahten Aussagesätzen erscheint much nur nach Wörtern wie as, so, too, ansonsten steht a lot of, lots of oder plenty of. Take as **much** as you like. *Nimm so viel du willst.* Their house is always full, because they have got **lots of** friends. *Ihr Haus ist immer voll, weil sie viele Freunde haben.*

9.3 A few, a little – few, little

Grundregel

G Es stehen sich *few* und *a few* für zählbare Substantive und *little* und *a little* für nicht-zählbare Substantive gegenüber.

Gebrauch

A few entspricht dem deutschen *einige*, *ein paar* und steht vor zählbaren Substantiven, während *a little* mit *ein bisschen*, *etwas* übersetzt werden kann und vor nicht-zählbaren Substantiven gebraucht wird. The film is worth watching. There are **a few** good actors in it. *Es lohnt sich den Film anzusehen. Da spielen einige gute Schauspieler mit.* This cake tastes lovely with **a little** cream on it. *Dieser Kuchen schmeckt lecker mit etwas Schlagsahne oben drauf.*

Das deutsche Wort *wenig(e)* kann mit *few* für zählbare und *little* für nicht-zählbare Substantive übersetzt werden. Sie stehen u.a. nach *very* und *too*.

> He had **a few** concerns. *Er hatte einige Bedenken.*
> He had **few** concerns. *Er hatte wenige/kaum Bedenken.*
> There is **a little** chance of rain. *Es gibt eine geringe Möglichkeit, dass es regnet.*
> There is **little** chance of rain. *Es gibt wenig/kaum Aussichten auf Regen.*

9.4 No – none

Gebrauch

G No steht vor Substantiven, um das deutsche *kein* auszudrücken. None wird vor einer *of*-Fügung verwendet oder wenn es im Satz kein dazugehöriges Substantiv gibt. There is **no** time for that! *Dafür ist jetzt keine Zeit!* That is **none** of your business! *Das geht dich nichts an!*

Das Indefinitpronomen

Zusammensetzungen mit no:
nobody/no one *niemand, kein(-e,-r)*
nothing *nichts*
nowhere *nirgends*

Nobody knows where Michael has moved to. *Niemand weiß, wohin Michael gezogen ist.*

9.5 Every, each und any

Gebrauch

Die drei englischen Pronomen every, each und any entsprechen alle dem deutschen *jeder*, unterscheiden sich aber in Bedeutungsnuancen und im Gebrauch voneinander.

- Every ist das umfassendste der drei Pronomen. Es schließt in seiner Bedeutung jede Person oder jedes Exemplar einer Gruppe ein. Es wird attributiv vor Substantiven gebraucht und kann nicht allein stehen.
  Every passenger gets checked at the airport. *Jeder Reisende wird am Flughafen kontrolliert.*

Zusammensetzungen mit every:
everybody/everyone *jeder*
everything *alles*
everywhere *überall*

- Each richtet den Blick auf die einzelnen Exemplare einer Gruppe. Im Satz steht es häufig vor einer of-*Fügung*, kann aber auch alleinstehend gebraucht werden. **Each** of these paintings is worth a fortune. *Jedes (einzelne) dieser Bilder ist ein Vermögen wert.*
- Wird any in bejahten Sätzen verwendet, meint es *jeder beliebige, irgendein* Mitglied einer Gruppe. Which blanket do you want? **Any** would do. *Welche Decke möchtest du? Gib mir irgendeine.*

10 Das Verb

10.1 Das vollständige Hilfsverb

Grundregel

Be, do und have können sowohl als Vollverben als auch als Hilfsverben auftreten. Als Hilfsverben tritt ihre Grundbedeutung in den Hintergrund und sie erhalten eine grammatische Bedeutung, indem sie z. B. helfen, die Verlaufsform von Verben, Fragen oder Verneinungen zu bilden. Die vollständigen Hilfsverben sind mit allen finiten und infiniten Verbformen ausgestattet. Als Vollverben müssen do und have in Fragen und Verneinungen mit do umschrieben werden.

Formen und Gebrauch

Das Verb be: Als Hilfsverb dient be der Bildung der Verlaufsform und des Passivs.

Im mündlichen Sprachgebrauch ist die Kurzform üblich:				
I	'm	am	'm not	am not
you	're	are	aren't	are not
he/she/it	's	is	isn't	is not
we/you/they	're	are	aren't	are not

- Eine Form von be und das *Present participle* (-ing-Form) eines Vollverbs bilden zusammen die Verlaufsform.
- Das Passiv entsteht aus der Verbindung von einer Form von be und dem *Past participle*.

⚡ Be kann auch als Vollverb gebraucht werden. Entgegen der Grundregel wird es auch als solches in Fragen und Verneinungen nicht mit do umschrieben. Canberra **is** the capital of Australia. *Canberra ist die Hauptstadt von Australien.* **Is** Sydney the capital of Australia? No, it **isn't**. *Ist Sydney die Hauptstadt von Australien? Nein.*

Das Verb do: Gibt es kein anderes Hilfsverb im Satz, dient do der Bildung von Fragen, Bestätigungsfragen, Kurzantworten und der Verneinung.

I/you	do	don't	do not
he/she/it	does	doesn't	does not
we/you/they	do	don't	do not

Im mündlichen Sprachgebrauch sind die Kurzformen für die Verneinung üblich.

- Do in Fragen, Bestätigungsfragen und Kurzantworten: Does he speak English? Yes, **he does**. *Spricht er Englisch? Ja.* You went for a walk on the beach this morning, **didn't** you? *Du warst heute früh am Strand spazieren, nicht wahr?*
- Do in Verneinungen: **I don't** like jellyfish on the beach. *Ich mag keine Quallen am Strand.*

Do kann auch als Vollverb benutzt werden. Es wird dann wie die anderen Vollverben in Fragen und Verneinungen mit do umschrieben. What **did** you do last Sunday? *Was hast du letzten Sonntag gemacht?* I **didn't** do anything special. *Ich habe nichts Besonderes gemacht.*

Das Verb have: Als Hilfsverb dienen die Formen von have in Verbindung mit dem *Past participle* eines Vollverbs zur Bildung von *Present perfect* und *Past perfect*.

I/you	've	have	haven't	have not
he/she/it	's	has	hasn't	has not
we/you/they	've	have	haven't	have not

In der Umgangssprache sind die Kurzformen üblich:

Have you heard from Christian recently? *Hast du in letzter Zeit etwas von Christian gehört?* Alice **had** sold all her belongings before she emigrated to Australia. *Alice hatte ihren gesamten Besitz verkauft, bevor sie nach Australien auswanderte.*

Have kann auch das Vollverb eines Satzes sein und wird in dem Fall in Fragen und Verneinungen mit do umschrieben.

⚡ In der Bedeutung *besitzen*, wird have in britischer Umgangssprache durch got ergänzt (dann aber nicht mit do umschrieben). **Have** the Masons still **got** their big dog? *Haben die Masons noch immer ihren großen Hund?*

10.2 Das unvollständige Hilfsverb

Grundregel

G Als unvollständige Hilfsverben werden im Englischen die Modalverben bezeichnet. Sie können im Satz nur in Verbindung mit dem Infinitiv eines Vollverbs verwendet werden. Take the umbrella with you. It **might** rain this afternoon. *Nimm den Regenschirm mit. Es könnte heute Nachmittag regnen.*

Formen

Modalverben mit ihren Formen:			
Present tense	**verneinte Form (Kurzform)**	**Past tense**	**verneinte Form (Kurzform)**
can	cannot (can't)	could	could not (couldn't)
may	may not	might	might not (mightn't)
will ('ll)	will not (won't)	would	would not (wouldn't)
shall	shall not (shan't)	should	should not (shouldn't)
		ought to	ought not to (oughtn't to)
must	must not (mustn't)		
need	need not (needn't)		
		used to	didn't use to/never used to

Sie werden unvollständig genannt, da sie nicht für alle Zeiten verwendet werden können, sondern einer Umschreibung mit Ersatzverben bedürfen. Bei ihnen erhält die 3. P. Sg. im *Simple present* keine Endung -s. Als Hilfs-

Das Verb

verben brauchen sie in Fragen und verneinten Sätzen nicht mit do umschrieben werden (● mit der Ausnahme must).

Modalverben drücken Absichten wie Bitten, Wünsche, Aufforderungen aus oder sie schätzen die Wahrscheinlichkeit einer Handlung ein.

Gebrauch

Can und could: Can kann für Sätze in der Gegenwart und in der Zukunft verwendet werden, could drückt *Past tense* aus oder steht für *könnte*. *It's sunny today, so I can go by bike. Heute ist es sonnig, da kann ich mit dem Fahrrad fahren. He could be outside. Er könnte draußen sein.*

- Can/could dienen dem Ausdruck einer Fähigkeit. Die fehlenden Zeitformen werden mit der Ersatzform be able to ergänzt. *Linda can play the violin really well. Linda kann richtig gut Geige spielen.*
- Mit can/could kann man eine Bitte vortragen und eine Erlaubnis oder ein Verbot aussprechen. Als Ersatzform dient be allowed to. *Could I borrow some sugar, please? Kann ich bitte etwas Zucker borgen? No, you can't go out to play, we'll be having lunch soon. Nein, du kannst jetzt nicht draußen spielen gehen, wir essen bald Mittag.*

May und might: Für Gegenwart und Zukunft benutzt man may; might wird seltener verwendet und mit *könnte* bzw. *vielleicht, möglicherweise* wiedergegeben.

- Oft steht may im Zusammenhang mit der Bitte um bzw. der Erteilung einer Erlaubnis. Häufiger als may not steht must not (mustn't) für ein Verbot. Als Ersatzform dient hier be allowed to. *May I ask your name? Darf ich Sie nach Ihrem Namen fragen? You mustn't touch this plant, it's poisonous. Du darfst diese Pflanze nicht anfassen, sie ist giftig.*

- **May/might** drücken auch die Wahrscheinlichkeit eines Geschehens aus. *We **might** be lucky and be home before sunset.* Vielleicht haben wir Glück und sind vor Einbruch der Dunkelheit zu Hause.

Will und **would**: Meist dient **will** der Bildung des Futur (▷ ⑬). **Would** wird zur Bildung konditionaler Sätze (▷ ㉒) und als Höflichkeitsform in Fragen oder Bitten gebraucht. ***Will** you have a cup of tea with us?* Wirst du/willst du mit uns eine Tasse Tee trinken?

- **Would** geht oft einer höflichen Bitte voraus, **will** erklärt eine Bereitschaft, etwas zu tun. Ersatzformen sind hier: **be willing to, be prepared to**. ***Would** you show me the way to the bus stop, please?* Würden Sie mir bitte den Weg zur Bushaltestelle zeigen? *I'll hang up the washing, if you haven't got time for it.* Ich hänge die Wäsche auf, wenn du keine Zeit dafür hast.
- **Would like (to)** bringt höflich Wünsche zum Ausdruck oder erfragt diese. ***Would** you like a lift home?* Möchtest du nach Hause gefahren werden?

Shall, **should** und **ought to**: Shall in der Bedeutung von *sollen*, should sowie ought to in der Bedeutung von *sollte, müsste eigentlich* können nur auf Gegenwart oder Zukunft bezogen sein.

- Mit **shall** macht man einen Vorschlag. ***Shall** we go to the cinema tonight?* Wollen wir heute Abend ins Kino gehen?
- **Should** und **ought to** drücken eine Ermahnung aus. *You **should** stop smoking.* Du solltest aufhören zu rauchen. *We **ought to** start planning our holiday soon.* Wir sollten bald anfangen unseren Urlaub zu planen.
- **Should/shouldn't + have +** *Past participle* bezieht sich auf eine in der Vergangenheit verpasste Handlung. *We **should have taken** some umbrellas with us.* Wir hätten ein paar Regenschirme mitnehmen sollen.

Das Verb

Must und **needn't**: Must und needn't können sich nur auf die Gegenwart und Zukunft beziehen und drücken eine Notwendigkeit bzw. deren Fehlen aus. Anders als andere Modalverben muss must in Fragen mit do + have to umschrieben werden, für die Verneinung stehen don't/doesn't + have to oder needn't zur Verfügung. **Do you have to** get up early tomorrow? *Musst du morgen früh aufstehen?* No, I **don't have to**. *Nein, muss ich nicht.*

⚡ Beachte: mustn't *nicht dürfen*

- Must drückt eine Aufforderung oder einen Zwang aus, die vom Sprecher ausgehen. Die Ersatzform have to dagegen, die auch für die restlichen Zeitformen gewählt werden kann, betont die äußeren Zwänge. I don't do enough sport. I **must** start jogging. *Ich mache nicht genug Sport. Ich muss anfangen zu joggen.*
  We **have to** go another way because the road is flooded. *Wir müssen einen Umweg fahren, weil die Straße überflutet ist.*
- Needn't entspricht dem deutschen *nicht brauchen, nicht müssen*. Ersatzform für andere Zeiten: not + have to. You **needn't** wait for me, I'll join you later. *Ihr braucht nicht auf mich zu warten, ich komme später.*

Used to: Das Modalverb used to, von dem es nur die Vergangenheitsform gibt, drückt eine Tatsache oder Handlung in der Vergangenheit aus und wird im Deutschen häufig mit *früher* wiedergegeben. We **used to** go camping every summer. *Früher fuhren wir jedes Jahr zelten.*

- Die Verneinung kann durch never + used to oder didn't + use to erfolgen, Fragen entsprechend durch did + use to. We never **used to** watch TV. We just **didn't use to** have the time for it. *Wir haben früher nie ferngesehen. Wir hatten einfach keine Zeit dafür.*

11 Das Präsens

11.1 Das Simple und das Progressive

Grundregel

G Im Englischen kann eine Handlung mit Hilfe des Aspekts auf unterschiedliche Weise betrachtet werden. Für alle Zeitformen kann die einfache und die Verlaufsform gebildet werden.

Formen

My dad **walks** everywhere. *Mein Vater läuft überall hin.*
My dad **is walking** to the baker's. *Mein Vater läuft gerade zum Bäcker.*

Gebrauch

- Der einfache Aspekt (*Simple form*) bezieht sich in der Regel auf eine konkrete Einzelhandlung oder auf gewohnheitsmäßiges Handeln. Er betont den Fakt, dass etwas geschieht oder geschehen ist. Daher ist der einfache Aspekt üblich bei Verben, die einen Zustand beschreiben. Das betrifft Verben der Sinneswahrnehmung (z. B. see, feel) und Verben, die Wissen, Gefühle oder einen Besitz ausdrücken (z. B. know, think, belong usw.) Der einfache Aspekt wird in der Gegenwart oft von Zeitangaben wie usually, always usw. begleitet. I **like** tulips a lot. *Ich mag Tulpen gern.*
- Die Verlaufsform (*Progressive form*) betrachtet den Ablauf einer Handlung zu einem bestimmten Zeitpunkt oder während eines begrenzten Zeitraums. Sie wird aus einer Form von be und dem *Present participle* (*-ing*-Form) des Vollverbs gebildet. Sie geht in der Gegenwart oft mit Zeitangaben wie at the moment, right now usw. einher. I can't help you at the moment. I'**m cooking.** *Ich kann dir im Moment nicht helfen. Ich koche gerade.*

11.2 Das Simple present

Grundregel

G Das *Simple present* beschreibt Handlungen, die wiederholt oder gewohnheitsmäßig wiederkehren.

Formen und Gebrauch

Beim *Simple present* erhält nur die 3. P. Sg. die Endung **-s**.

- Das *Simple present* bezeichnet allgemein gültige Tatsachen sowie regelmäßige Handlungen. Water **boils** at 100°C. *Wasser kocht bei 100°C.*
- Das *Simple present* erscheint, wenn einzelne Handlungen bzw. eine Folge von ihnen beschrieben werden sollen. When my mother **comes** home, she **puts** the kettle on for a cup of tea. *Wenn meine Mutter nach Hause kommt, setzt sie Wasser auf, um Tee zu kochen.*
- Das *Simple present* kann sich aber auch auf zukünftige Ereignisse beziehen, wenn es sich um feste Termine handelt. The plane **lands** at 7 o'clock. *Das Flugzeug landet um 7 Uhr.*

11.3 Das Present progressive

Grundregel

G Das *Present progressive* wird benutzt, wenn eine Handlung gerade im Augenblick des Sprechens verläuft. I**'m reading.** *Ich lese gerade.*

Formen und Gebrauch

Das *Present progressive* wird aus einer Form von **be** und dem *Present participle (-ing–Form)* des Vollverbs gebildet.

- Das *Present progressive* kann sich auch auf eine fest geplante Handlung in der Zukunft beziehen. We**'re going** out tonight. *Wir gehen heute Abend aus.*

12 Die Vergangenheit

12.1 Das Simple past und das Past progressive

Grundregel

G Eine Handlung, die in der Vergangenheit ablief und abgeschlossen ist, beschreibt man im Englischen mit dem *Past tense*. I **arrived** home late last night. But Pete **was** still **watching** TV. *Ich kam gestern Abend spät zu Hause an. Aber Pete sah noch fern.*

Formen und Gebrauch

> Die regelmäßige Bildung des *Simple past* erfolgt mit der Endung -ed.
> cook *kochen*   cooked *kochte*
> visit *besuchen*   visited *besuchte*

- Als Erzählzeit wird das *Simple past* verwendet, um einzelne oder wiederholte Ereignisse bzw. Handlungsfolgen zu beschreiben, die aus der Gegenwart als beendet betrachtet werden. Häufig markieren Zeitangaben wie yesterday, in 1995, last summer oder auch a few minutes ago Zeitpunkte oder -räume, die diese Zeitform verlangen. Auch in Fragen, die mit when beginnen, steht das *Simple past*. Last summer we **spent** our holidays in France. *Letzten Sommer waren wir in Frankreich im Urlaub.* When **did** you **move** into your new house? *Wann seid ihr in euer neues Haus gezogen?*

> Das *Past progressive* wird mit was/were + *Present participle* (-ing–Form) des Vollverbs gebildet.
> He was waiting. *Er wartete.*
> They were listening. *Sie hörten zu.*

Unterbricht ein Vorgang eine über einen längeren Zeitraum verlaufende Handlung, wird für die Hintergrundhandlung das *Past progressive* gewählt, das unterbrechende Ereignis steht im *Simple past*. **I was preparing** dinner, when our visitors **arrived**. *Ich bereitete gerade das Abendbrot vor, als unsere Besucher ankamen.*

12.2 Das Present perfect und das Present perfect progressive

Grundregel

G Handlungen, die in der Vergangenheit begannen und bis in die Gegenwart reichen, werden ebenso im *Present perfect* beschrieben, wie Vorgänge, die sich in der Vergangenheit ereigneten, aber eine Bedeutung für die Gegenwart besitzen. Kate **has been practising** the guitar for an hour now. *Kate übt schon seit einer Stunde mit ihrer Gitarre.* **Have you picked up** the car from the garage? *Hast du das Auto aus der Werkstatt abgeholt?*

Formen und Gebrauch

Das *Simple present perfect* wird mit has/have + *Past participle* des Vollverbs gebildet.
She has worked. *Sie hat gearbeitet.*
They have learned. *Sie haben gelernt.*

Vergangene Handlungen, die ihre Wirkung in der Gegenwart entfalten, werden im *Simple present perfect* dargestellt. Für diese Zeitform sind Zeitangaben wie already, so far, until now, (not) yet, ever, never, just typisch. Have you **ever** been to Italy? *Warst du schon einmal in Italien?*

Das *Present perfect progressive* wird mit has/have + been + *Present participle (-ing-Form)* des Vollverbs gebildet.
He has been reading. *Er hat gelesen.*
We have been running. *Wir sind gerannt.*

Betrachten wir aus gegenwärtiger Perspektive eine noch andauernde Handlung in ihrem Verlauf, wird das *Present perfect progressive* benutzt. Bei der Verlaufsform treten im Satz häufig Zeitangaben mit since und for auf, Fragen werden mit how long oder since when eingeleitet. **How long** have you been looking for your glasses? *Wie lange suchst du schon deine Brille?* I have been looking for them **since** I got up. *Ich suche sie, seit ich aufgestanden bin.*

12.3 Das Past perfect und das Past perfect progressive

Grundregel

G Für Handlungen, die in Bezug auf eine andere Handlung in der Vergangenheit noch weiter zurückliegen, verwendet man das *Past perfect*. After we **had walked** for at least two hours, we finally found the right way to the lake. *Nachdem wir mindestens zwei Stunden gelaufen waren, fanden wir schließlich den richtigen Weg zum See.*

Formen und Gebrauch

Das *Simple past perfect* wird mit had + *Past participle* des Vollverbs gebildet.

When Susan saw the chaos, she was shocked. Her children **had thrown** their toys everywhere. *Susan erschrak, als sie das Chaos sah. Ihre Kinder hatten ihre Spielzeuge überall hingeworfen.*

Das *Past perfect progressive* wird mit had + been + *Present participle (-ing-Form)* gebildet.

Soll die in der Vergangenheit noch weiter zurückliegende Tätigkeit in ihrem gesamten Ablauf betrachtet werden, wird das *Past perfect progressive* gewählt. Häufig stehen dann Zeitangaben wie **since** und **for** im Satz. We **had been driving** for almost an hour when we finally arrived at the castle. *Wir waren fast eine Stunde gefahren, als wir endlich am Schloss ankamen.*

13 Das Futur

Grundregel
Ist eine Handlung für die Zukunft geplant oder zu erwarten, kennt das Englische folgende Möglichkeiten dies auszudrücken: *will-future*, *Future progressive*, *going-to-future*, *Simple present* und *Present progressive* ▶ 11.

Formen und Gebrauch
- Das *will-future* charakterisiert ein Geschehen als allgemein zukünftig oder drückt eine Vermutung oder Voraussage aus. Häufig folgt das *will-future* Verben wie **be afraid, think, guess, hope**.

Das *will-future* wird mit **will** + *Infinitiv* des Vollverbs gebildet. Häufig wird die Kurzform von **will** benutzt: **'ll**, verneint: **won't**.

I'll be back soon. *Ich bin bald zurück.*

- Das *Future progressive* drückt aus, dass eine Handlung zu einem Zeitpunkt in der Zukunft ablaufen wird.

Es wird mit **will** + **be** + *Present participle* (-ing-Form) des Vollverbs gebildet. (Zur Kurzform von **will** s.o.)

I'll be waiting for you in front of the cinema. *Ich werde auf dich vor dem Kino warten.*

- Das *going-to-future* wird im gesprochenen Englisch bevorzugt verwendet. Es drückt häufig Pläne, Absichten oder Gewissheit über das Eintreten einer Tatsache aus und bezieht sich auf die unmittelbare Zukunft.

Das *going-to-future* bildet man mit einer Form von **be** + **going to** + *Infinitiv* des Vollverbs. Meist wird die Kurzform von **be** verwendet: **I'm, you/we/they're, he/she/it's**.

I'm going to watch the football final tonight. *Heute Abend werde ich mir das Fußballfinale ansehen.* **You're going to love** this film. *Du wirst diesen Film mögen.*

14 Das Partizip

Grundregel
Das *Present* und das *Past participle* sind als infinite Verbformen nach Person und Zahl unveränderlich.

Formen
Das *Present participle* wird gebildet aus dem *Infinitiv* des Verbs und der *Endung -ing*, seine *Passivform* aus being und dem *Past participle*. Das *Past participle* wird bei den regelmäßigen Verben aus dem *Infinitiv* des Verbs und der *Endung -ed* gebildet. We went past a group of children sitting in the grass and drawing. *Wir liefen an einer Gruppe von Kindern vorbei, die im Gras saßen und zeichneten.* We watched the cows being milked. *Wir beobachteten, wie die Kühe gemolken wurden.* They leave their door unlocked. *Sie lassen ihre Tür unverschlossen.*

14.1 Das Partizip als Prädikatsergänzung

Gebrauch
- Zum Ausdruck der Verlaufsform steht das *Present participle* nach Verben der Sinneswahrnehmung wie see, watch, notice, hear (zur Verwendung des Infinitivs ohne to bei Verben der Sinneswahrnehmung ▷ 16). We could see her smiling. *Wir konnten sie lächeln sehen.*
- Das *Present participle* drückt nach there is/was am Satzanfang ebenfalls den Verlauf einer Handlung aus. There were lots of people talking. *Viele Leute unterhielten sich gerade.*
- Verben wie keep, catch (im Sinne von *ertappen*) und find können vom *Present* (als Verlaufsform) oder *Past participle* gefolgt werden. Bill caught the boys smoking behind the shed. *Bill erwischte die Jungen hinter dem Schuppen beim Rauchen.*

- Die Verbindung have + *Past participle* nach einem Objekt trägt passivische Bedeutung und entspricht dem deutschen *jdn. etw. machen lassen*. **We have our kitchen painted.** *Wir lassen unsere Küche malern.*
⚡ Aber: We have painted our kitchen. (= *Present perfect*)

14.2 Das Partizip als Adverbialbestimmung

Gebrauch

Die Partizipialkonstruktionen treten u.a. in der Funktion einer a) Adverbialbestimmung der Zeit oder b) des Grundes oft vor den Hauptsatz.
Das *Present participle* trägt aktivische Bedeutung, das *Past participle* passivische.

a) **Leaning out of the window,** Carolin waved goodbye to her friends. *Carolin lehnte sich aus dem Fenster und winkte ihren Freunden zum Abschied.* **Told about the tragic accident,** she burst into tears. *Als ihr von dem tragischen Unfall berichtet wurde, brach sie in Tränen aus.*

b) **Being inexperienced in cooking,** he burnt the meal. *Da er im Kochen unerfahren war, verbrannte ihm das Essen.* **Encouraged by his friends,** he asked the girl out. *Da er von seinen Freunden ermutigt wurde, bat er das Mädchen mit ihm auszugehen.*

Die Partizipialkonstruktionen können auch unabhängig vom Subjekt des Hauptsatzes mit eigenem Sinnsubjekt auftreten. I can't watch the news **with you two talking so loudly**. *Ich kann nicht die Nachrichten sehen, wenn ihr zwei euch so laut unterhaltet.*

15 Das Gerund

Grundregel

Das Gerund zählt zu den infiniten Verbformen. Wie ein Substantiv kann das Gerund im Satz die Funktion eines Subjekts, Objekts, einer Adverbialbestimmung oder eines Attributs haben.

Formen

Die Aktivform des Gerunds wird mit der Endung -ing gebildet, die Passivform mit being + *Past participle* des Verbs. **We enjoy meeting friends on weekends.** *Wir treffen uns an Wochenenden gern mit Freunden.* **I am tired of being asked the same questions again and again.** *Ich habe es satt, immer wieder dieselben Fragen gestellt zu bekommen.*

Zum Ausdruck der Vergangenheit dienen die folgenden Formen:
im Aktivsatz: having + *Past participle*
im Passivsatz: having been + *Past participle*
I remember having bought some coffee only last week! *Ich weiß noch, dass ich erst letzte Woche Kaffee gekauft habe!*
Having been taken everywhere by car, the boy doesn't know how to use a bus. *Da er immer überallhin mit dem Auto gefahren wurde, weiß der Junge nicht, wie man den Bus benutzt.*

Gebrauch

- Das Gerund kann als Subjekt des Satzes dienen.
Sitting outside a café and watching the people is one of my favourite pastimes in the summer. *Vor einem Café zu sitzen und die Leute zu beobachten, ist eines meiner liebsten Vergnügen im Sommer.*
- Das Gerund steht als Objekt des Satzes nach Verben wie love, hate, like, enjoy, stop, start, finish, prefer.

Das Gerund

My husband loves **working** in the garden. *Mein Mann arbeitet gern im Garten.*

- Manche Verben wie z. B. begin, start, continue können ohne Bedeutungsunterschied von dem Gerund oder dem Infinitiv gefolgt werden. I have **started to drink/started drinking** freshly pressed orange juice every morning. *Ich habe angefangen, jeden Morgen frisch gepressten Orangensaft zu trinken.*
- Bei anderen Verben gibt es einen Bedeutungsunterschied zwischen dem Gerund und dem Infinitiv. Wenn auf remember, forget oder regret das Gerund folgt, bezieht sich der Satz oft auf die Vergangenheit, folgt dagegen der Infinitiv, hat die Handlung einen zukünftigen Bezug. I'll never forget **flying** for the first time. *Ich werde nie vergessen, wie ich zum ersten Mal geflogen bin.* Don't forget **to invite** Chris to your party. *Vergiß nicht, Chris zu deiner Party einzuladen.*
- Stop nimmt ebenfalls unterschiedliche Bedeutung an, abhängig davon, ob dem Verb das Gerund oder der Infinitiv folgt.
  stop to do sth. *mit etw. aufhören, um etw. anderes zu beginnen*
  stop doing sth. *aufhören etw. zu tun*
  Kathy and Fiona were chatting. They **stopped to listen** to their teacher. *Kathy und Fiona unterhielten sich. Sie hörten auf, um ihrem Lehrer zuzuhören.* They stopped **listening** to the teacher. *Sie hörten auf, dem Lehrer zuzuhören.*
- Das Gerund kann im Satz die Funktion des Präpositionalobjekts besitzen. Es kann einem *Verb + Präposition* z. B. believe in, think of, look forward to oder worry about folgen. I'm **looking forward to travelling** through Europe. *Ich freue mich darauf, durch Europa zu reisen.*

- Auch nach *Substantiven + Präposition* z. B. trouble in, surprise at, hope for, difficulty in folgt das Gerund. Jane had no trouble in **finding** our new house. *Jane hatte keine Schwierigkeiten, unser neues Haus zu finden.*
- *Adjektive + Präposition* können ebenfalls von einem Gerund gefolgt werden. Solche Adjektive, die mit dem Verb be zusammen auftreten, sind z. B. be good at, be famous for, be interested in, be keen on, be tired of. Are you **interested in joining** us for a short trip to Berlin? *Hättest du Interesse, mit uns einen kurzen Ausflug nach Berlin zu machen?*
- Oft steht das Gerund auch zusammen mit einer *Präposition als Adverbialbestimmung* im Satz. Häufig steht diese Konstruktion statt eines *adverbialen Nebensatzes*. After **reading about his success in the newspaper**, she picked up the phone to congratulate him. (**After she had read about his success in the newspaper, ...**) *Nachdem sie in der Zeitung von seinem Erfolg gelesen hatte, griff sie zum Telefon, um ihm zu gratulieren.*
- Das Gerund kann ein *eigenes Sinnsubjekt* haben, dass ihm unmittelbar vorausgeht und nicht mit dem Subjekt des Hauptsatzes übereinstimmt. Als Sinnsubjekt kommen *Substantive* oder *Personalpronomen* in der Objektform in Frage. I'm afraid of **Rod** losing his ticket. *Ich habe Angst, Rod könnte seine Eintrittskarte verlieren.* I'm afraid of **him** losing his ticket.

16 Der Infinitiv

Grundregel

G Der Infinitiv gehört zu den infiniten Verbformen, d. h. er ist nach Person und Zahl unveränderlich. Er kann mit oder ohne to gebraucht werden. My sister promised **to come** around tonight. *Meine Schwester hat versprochen, heute Abend vorbeizukommen.* The mother saw her children **chase** the rabbit. *Die Mutter sah, wie die Kinder hinter dem Kaninchen herliefen.*

Formen

Der Infinitiv kann mit seinen verschiedenen Formen aktivische und passivische Bedeutung haben, die Verlaufsform und Vergangenheitsbezug ausdrücken.

Aktiv	Passiv
Gegenwart – einfacher Aspekt	
(to) *Grundform des Verbs*	(to) be + *Past participle*
(to) prepare	(to) be prepared
Gegenwart – Verlaufsform	
(to) be + *Present participle*	–
(to) be preparing	
Vergangenheit	
(to) have + *Past participle*	(to) have been + *Past participle*
(to) have prepared	(to) have been prepared

Der Infinitiv kann im Satz folgende Funktionen ausüben:
- Subjekt: **To sing a song in public** was a real challenge for her. *Vor anderen ein Lied zu singen, war für sie eine echte Herausforderung.*
- Objekt: Aunt Liz promised **to send the children a parcel**. *Tante Liz versprach, den Kindern ein Paket zu schicken.*
- Adverbialbestimmung: They moved the sofa **to make space for another table**. *Sie schoben das Sofa beiseite, um Platz zu machen für einen weiteren Tisch.*

Der Infinitiv kann ein *eigenes Sinnsubjekt* haben, das nicht mit dem Subjekt des Satzes identisch ist. Dabei handelt es sich um ein Substantiv oder ein Personalpronomen in der Objektform, das zwischen Verb und Infinitiv steht. Frank asked **Emily/her** to take the letter to the post-box. *Frank bat Emily/sie, den Brief zum Briefkasten zu bringen.*

16.1 Der Infinitiv ohne to

Gebrauch

- Der Infinitiv ohne to wird in rhetorischen Fragen verwendet, die mit why (not) eingeleitet sind. **Why not have** a picnic? *Wie wäre es mit einem Picknick?*
- Der Infinitiv ohne to steht in Verbindung mit den Wendungen: rather than *lieber als*, I would rather *ich würde lieber* und I had better *ich sollte lieber*. **I had better put on** a warmer jacket. *Ich sollte mir lieber eine wärmere Jacke anziehen.*
- Nach Verben, die eine Sinneswahrnehmung ausdrücken, wie see, hear, watch und notice dient der Infinitiv ohne to dem Ausdruck des einfachen Aspekts. **I saw** the neighbours **pack** their suitcases into the car and **drive off**. *Ich sah, wie die Nachbarn ihre Koffer in das Auto packten und fortfuhren.*

Wird dagegen die Wahrnehmung des Ablaufs einer Tätigkeit betont, verwendet man das *Present participle* des Verbs (▶ 14). **I watched** the neighbours thoroughly **cleaning** their car. *Ich beobachtete, wie die Nachbarn ihr Auto gründlich reinigten.*

- In den Konstruktionen make/have somebody do something *jdn. zu etw. bringen* und let somebody do something *etw. geschehen lassen* wird der Infinitiv ohne to benutzt. When we buy a new camera, we can **let** Sally **have** our old one. *Wenn wir einen neuen Fotoapparat kaufen, können wir Sally unseren alten geben.*

16.2 Der Infinitiv mit to

Gebrauch

Der Infinitiv mit to folgt bestimmten Verben in der Konstruktion *Verb (+ Objekt) + Infinitiv mit* to.

- Verben, die eine Forderung ausdrücken wie expect, intend, request oder require: We **expect** you **to be** back by 10 o'clock. *Wir erwarten dich bis spätestens 10 Uhr zurück.*
- Verben, die einen Rat einleiten wie advise, tell, ask und warn: In Canada they **advised** us **to keep** anything edible out of reach of bears. *In Kanada riet man uns, alles Essbare außer Reichweite von Bären aufzubewahren.*
- Verben, die dem Ausdruck von Wünschen dienen wie want, wish, like, love und prefer: Would you **prefer** us **to visit** Jane in the morning or in the afternoon? *Möchtest du lieber, dass wir Jane am Vormittag oder am Nachmittag besuchen?*

Der Infinitiv mit to steht nach vielen Adjektiven in der Konstruktion be + *Adjektiv* wie be certain, be likely, be sure, be difficult, be easy, be ready. That **is** not very **likely to happen**. *Das passiert wahrscheinlich nicht.*

Nach Ordnungszahlen und Superlativen (z. B. the first, the last, the next) erscheint der *Infinitiv mit to*. Mrs White was **the first** visitor **to turn up**. *Mrs White war die erste Besucherin, die erschien.*

Satzkonstruktionen mit dem Infinitiv mit to werden häufig anstelle von Nebensätzen verwendet.

- Die gebräuchlichere Konstruktion *Fragewort + Infinitiv mit to* ersetzt Nebensätze mit Fragewort und modalem Hilfsverb. He wondered **what to do** next. *Er fragte sich, was er als nächstes tun sollte.*
  Der entsprechende Nebensatz würde lauten: He wondered what he should do next.
- In der Infinitivkonstruktion mit for wird das Sinnsubjekt mit der *Präposition* for eingeleitet. Häufig beginnt der Satz mit it is important/(un)usual/a pity usw. It's unusual **for him to be** late. *Es ist ungewöhnlich, dass er zu spät kommt.*
  Außerdem dient diese Konstruktion dem Ausdruck eines Zwecks oder einer Folge (besonders nach *Adjektiv* und too/enough). It's **too far** for us **to walk**. *Es ist für uns zu weit zu laufen.*
- Der Infinitiv mit to kann dem Ausdruck eines Zwecks dienen (manchmal durch in order eingeleitet). Er wird oft einem entsprechenden adverbialen Nebensatz vorgezogen. We collected lots of wood (in order) **to have** a bonfire in the evening. *Wir sammelten viel Holz, um am Abend ein Lagerfeuer zu machen.*

17 Das Passiv

Grundregel

G Ein Aktivsatz beschreibt in der Regel wie ein Handelnder eine Tätigkeit ausführt. In einem Passivsatz findet ein Perspektivwechsel statt. Der Handelnde tritt in den Hintergrund. Im Vordergrund steht dagegen die Person oder der Gegenstand, an dem die Handlung ausgeführt wird. Das Objekt des Aktivsatzes wird zum Subjekt des Passivsatzes.

	Subjekt	Verb	Objekt
Aktivsatz	I	watered	the flowers.

Ich habe die Blumen gegossen.
Passivsatz The flowers were watered.
Die Blumen wurden gegossen.

17.1 Die Zeitformen im Passiv

Grundregel

G Passivsätze können in allen Zeitformen gebildet werden. Die Verlaufsform wird jedoch nur im Present und Past tense verwendet.

Formen

Die einfache Zeitform wird mit der jeweiligen Form von be und dem *Past participle* gebildet.

Present tense: am/are/is + Past participle
Planes **are serviced** regularly. *Flugzeuge werden regelmäßig gewartet.*
Past tense: was/were + Past participle
My car **was repaired** last week. *Letzte Woche wurde mein Auto repariert.*
Present perfect: has/have + been + Past participle
The animals **have been** fed. *Die Tiere sind gefüttert worden.*

> Past perfect: had + been + Past participle
> They **had already** been fed this morning. *Sie sind schon einmal heute früh gefüttert worden.*
> will-future: will + be + Past participle
> The children **will be sent** home after lunch. *Die Kinder werden nach dem Mittagessen nach Hause geschickt.*
> Present progressive: am/are/is + being + Past participle
> The **wheat is being harvested.** *Der Weizen wird gerade geerntet.*
> Past progressive: was/were + being + Past participle
> The fence **was being painted** when I entered the garden. *Als ich in den Garten kam, wurde der Zaun gerade gestrichen.*

Soll der Handelnde der im Passivsatz beschriebenen Tätigkeit doch erwähnt werden, kann er mit der Präposition by angeschlossen werden. Our new library was opened last month **by** the mayor. *Unsere neue Bibliothek wurde letzten Monat vom Bürgermeister eröffnet.*

17.2 Das Subjekt im Passivsatz

Grundregel

G Anders als im Deutschen können nicht nur direkte, sondern auch indirekte und präpositionale Objekte des Aktivsatzes zu Subjekten des Passivsatzes werden.

Formen und Gebrauch

> Das direkte Objekt des Aktivsatzes als Subjekt:
> Aktiv: John aired **the rooms** thoroughly.
> *John lüftete die Zimmer gründlich.*
> Passiv: **The rooms** were aired thoroughly.
> *Die Zimmer wurden gründlich gelüftet.*

- Abweichend vom Deutschen auch bei Verben wie help, follow, thank: The old man **was helped** into the

train by some passengers.* Dem alten Mann wurde von einigen Mitreisenden in den Zug geholfen.*
- Das indirekte Objekt des Aktivsatzes als Subjekt: Bei Verben mit zwei Objekten im Aktivsatz wie give, offer, show, send wird meist das indirekte Objekt als Subjekt des Passivsatzes gewählt.

Aktiv:	They gave us hot tea. *Sie gaben uns heißen Tee.*
Passiv:	We were given hot tea. (seltener: Hot tea was given to us.) *Uns wurde heißer Tee gegeben.*

18 Präpositionen

Grundregel

Präpositionen bringen zum Ausdruck, in welcher z. B. *räumlichen* oder *zeitlichen* Beziehung Sachen, Personen oder abstrakte Begriffe zueinander stehen. Anders als im Deutschen fordern Präpositionen im Englischen keinen bestimmten Kasus. Ihnen folgt entweder die Objektform des Personalpronomens oder ein Substantiv in seiner Grundform. She stared **at her boss/him** in disbelief. *Sie starrte ihren Chef/ihn ungläubig an.*

Wichtige Präpositionen mit räumlicher Bedeutung

At geht häufig einer Ortsangabe voraus, die ein (öffentliches) Gebäude oder ein Geschäft bezeichnet.

> at the greengrocer's *beim Gemüsehändler*
> at work *auf/bei der Arbeit*
> at home *zu Hause*
> at the end of the street *am Ende der Straße*

In bezieht sich u.a. auf das Innere von Gebäuden oder Sachen.

> in the box *in der Schachtel*
> in the street *auf der Straße*
> in the countryside *auf dem Land*

To gibt eine Richtung an.

> go to school *zur Schule gehen*
> turn to sb. *sich an jmdn. wenden*

On wird oft im Sinne von *auf* oder *an* benutzt.

> on the first floor *auf der ersten Etage*
> on the wall *an der Wand*
> on the table *auf dem Tisch*
> put one's shoes on *sich die Schuhe anziehen*

Wichtige Präpositionen mit zeitlicher Bedeutung

At bezeichnet häufig einen bestimmten Zeitpunkt wie die Uhrzeit, Mahlzeiten, Festtage.

> every day at 9 o'clock *jeden Tag um 9 Uhr*
> at breakfast *zum Frühstück*
> at (the age of) sixteen *mit (im Alter von) sechzehn*
> at Christmas *zu Weihnachten*

In benennt dagegen einen Zeitraum wie Tages- und Jahreszeit, Monat, Jahr.

> in the evening *am Abend*
> ⚡ aber: at night *nachts, in der Nacht*
> in spring *im Frühling*
> in 1969 *(im Jahr) 1969*

On gibt oft einen Zeitpunkt an, der genau bestimmt ist, wie Datumsangabe oder Wochentag.

> on June 4th *am 4. Juni*
> on this occasion *bei dieser Gelegenheit*
> on Sunday afternoon *am Sonntagnachmittag*
> on the first day of our holidays *an unserem ersten Urlaubstag*

For steht im Sinne von *aus Anlaß* oder *für*.

> for his birthday *zu seinem Geburtstag*
> time for lunch *Zeit fürs Mittagessen*

Drückt for eine Zeitspanne aus *(seit)*, die bis in die Gegenwart anhält, wird im Satz das *Present perfect* benutzt. Since *(seit)* erfordert ebenfalls das *Present perfect*, bezeichnet aber eine Zeitspanne mit einem Anfangspunkt. **I have been waiting** for this letter **for** days. *Ich habe seit Tagen auf diesen Brief gewartet.*
I have been sitting at the doctor's **since** 8 o'clock this morning. *Ich sitze seit heute früh um 8 Uhr beim Arzt.*

From kann den Anfangspunkt einer Zeitspanne bezeichnen.

> from dusk till dawn *von Sonnenuntergang bis Sonnenaufgang*
> from January till March *von Januar bis März*

By drückt das Ende einer Zeitspanne *(bis spätestens)* aus und wird außerdem im Sinne von *bei* verwendet.

> by the end of next week *bis spätestens Ende nächster Woche*
> by daylight *bei Tageslicht*
> by the time we left *bis/als wir gingen*
> It will be finished by then. *Bis dann wird es fertig sein.*

19 Zahlwörter

19.1 Die Grundzahlen

1 = one	11 = eleven	30 = thirty
2 = two	12 = twelve	40 = forty
3 = three	13 = thirteen	50 = fifty
4 = four	14 = fourteen	60 = sixty
5 = five	15 = fifteen	70 = seventy
6 = six	16 = sixteen	80 = eighty
7 = seven	17 = seventeen	90 = ninety
8 = eight	18 = eighteen	100 = a/one hundred
9 = nine	19 = nineteen	1,000 = a/one thousand
10 = ten	20 = twenty	1,000,000 = a/one million

Grundregel

G Ab Zahlen über 20 werden Zehner und Einer mit Bindestrich geschrieben. Bei Zahlen über 100 schließen sich die Zehner mit and an. Den Zahlwörtern hundred und thousand geht immer a oder one oder ein anderes Zahlwort voraus.
Bei zweistelligen Zahlen wird anders als im Deutschen zunächst die Zehnerzahl, dann der Einer gesprochen.

63	sixty-three
247	two hundred and forty-seven
8,239	eight thousand two hundred and thirty-nine

- Werden hundred, thousand oder million durch ein anderes Zahlwort näher bestimmt, erscheinen sie vor einem Substantiv im Singular. Im Sinne von *Hunderte, Tausende* etc. können sie im Plural gebraucht werden und schließen das Substantiv mit der Präposition of an.
The shop sells two thousand books every month.
Der Laden verkauft zweitausend Bücher im Monat.
Hundreds of people were made homeless. *Hunderte von Menschen wurden obdachlos.*

- Abweichend vom Deutschen wird jeweils jede dritte Stelle von rechts durch Komma markiert, die Dezimalstellen jedoch durch einen Punkt abgetrennt. Die Stellen nach dem Dezimalpunkt werden einzeln gesprochen.

40,000	forty thousand
54.32 metres	gesprochen: fifty-four point three two metres

- Für das deutsche Zahlwort Milliarde steht im BE a/one thousand million, im AE a/one billion.

19.2 Die Ordnungszahlen

Ordnungszahlen werden gebildet, indem an die Grundzahl die Endung -th gehängt wird (außer bei first *erste/r/s*, second *zweite/r/s* und third *dritte/r/s*).
ten – ten**th** *zehnte/r/s* seventeen – seventeen**th** *siebzehnte/r/s*

- Endet eine Grundzahl auf -y, erhält sie die Endung -ieth.
  thirty – thirt**ieth** *dreißigste/r/s*

Folgende Ordnungszahlen weichen in ihrer Schreibung von den entsprechenden Grundzahlen ab:
five – fifth *fünfte/r/s* eight – eighth *achte/r/s*
nine – ninth *neunte/r/s* twelve – twelfth *zwölfte/r/s*

- Als Ziffer werden Ordnungszahlen mit ihrer Endung geschrieben. 1st, 2nd, 3rd, 4th ...
- Es gibt verschiedene Möglichkeiten der Datumsangabe:
  January 7(th), 2013. Gesprochen: January (the) seventh, two thousand (and) thirteen
  oder 7(th) January, 2013. Gesprochen: (the) seventh (of) January, two thousand (and) thirteen
  Im BE wird folgendermaßen abgekürzt: 7/1/2013
  Im AE wird dagegen so abgekürzt: 1/7/2013

20 Die Frage

20.1 Die Frage mit Fragepronomen

Grundregel
In Fragen, in denen die Fragewörter who, what oder which als *Subjekte* den Satz einleiten, folgt ihnen unmittelbar das Vollverb. Ist das Fragewort *nicht* das Subjekt, folgt ihm ein *Hilfsverb* bzw. die Umschreibung mit do.

Formen

Subjekt/Vollverb
Who won the match? *Wer hat das Spiel gewonnen?*
Fragewort/Hilfsverb/Subjekt/Vollverb
When will you phone me tomorrow? *Wann rufst du mich morgen an?*

Gebrauch
- Beim Gebrauch von what, who und which ist zu beachten, dass man mit what und who allgemein nach Sachen bzw. Personen fragt, während mit which (of) nach einer Sache oder Person aus einer ganz bestimmten Gruppe gefragt wird. **What** topics did you talk about? *Über welche Themen habt ihr gesprochen?* **Which** topic was of special interest for you? *Welches Thema hat dich besonders interessiert?*
- Das Fragewort who kann als Subjekt *(wer)* oder als Objekt *(wen bzw. wem)* stehen. **Who** gave you the book? *Wer hat dir das Buch gegeben?* **Who** did you give the book to? *Wem hast du das Buch gegeben?*
- Präpositionen in Fragen, die mit who, what oder which eingeleitet werden, stehen am Ende des Satzes. **Who do you want to speak to?** *Wen möchten Sie sprechen?*

20.2 Die Entscheidungsfrage

Gebrauch
Entscheidungsfragen können mit *ja* oder *nein* beantwortet werden. Sie enthalten kein Fragewort, sondern werden mit einem Hilfsverb eingeleitet. **Have** you passed the driving test? *Hast du den Führerscheintest bestanden?* Enthält der zugrunde liegende Aussagesatz kein Hilfsverb, wird mit einer Form von *do* umschrieben. **Does** the train stop in Cheltenham? *Hält der Zug in Cheltenham?*

In den Antworten auf Entscheidungsfragen werden häufig **yes** oder **no** mit dem Hilfsverb der Frage ergänzt, das Subjekt der Frage wird als Personalpronomen wieder aufgegriffen. Has Pete sold his car yet? *Hat Pete schon sein Auto verkauft?* **Yes**, he **has.**/**No**, he **hasn't**. *Ja./Nein.* Does Mrs Staveley work in Leeds? *Arbeitet Mrs Staveley in Leeds?* **Yes**, she **does**./**No**, she **doesn't**. *Ja./Nein.*

20.3 Die Bestätigungsfrage

Gebrauch
Einem bejahten Aussagesatz folgt eine verneinte Bestätigungsfrage. An das Hilfsverb des Ausgangssatzes wird dazu **not** bzw. die Kurzform **n't** angehängt. Das Subjekt des Aussagesatzes wird in der Bestätigungsfrage als Personalpronomen wiedergegeben. Ein verneinter Aussagesatz erfordert eine bejahte Bestätigungsfrage. The open-air swimming pool will be opened soon, **won't it**? *Das Freibad wird bald geöffnet, nicht wahr?*

Gibt es kein Hilfsverb im Ausgangssatz, wird mit *do* umschrieben. Tom went on holiday to Italy last summer, **didn't he**? *Tom war letztes Jahr in Italien im Urlaub, nicht wahr?*

The Negative

21 Die Verneinung

21.1 Der verneinte Aussagesatz

Grundregel

Ⓖ Aussagesätze werden verneint, indem das Hilfsverb des Aussagesatzes mit der Kurzform n't verbunden wird. Besitzt der Aussagesatz kein Hilfsverb, wird mit don't, doesn't oder didn't umschrieben.

Formen

Subjekt/Hilfsverb + n't /Vollverb
I **haven't** finished the report yet. *Ich habe den Bericht noch nicht fertig.*
We **won't** go by bus. *Wir werden nicht mit dem Bus fahren.*
Subjekt/Form von do + n't /Vollverb
I **don't** know her name. *Ich kenne ihren Namen nicht.*
He **doesn't** eat tomatoes. *Er isst keine Tomaten.*
They **didn't** stay long. *Sie sind nicht lange geblieben.*

Gebrauch

- In verneinten Sätzen drücken any und Zusammensetzungen wie anybody, anything, anywhere kein(e/er), nichts, nirgends usw. aus. Since we've had the cat we haven't got **any** problems with mice in our cellar **anymore**. *Seit wir die Katze haben, haben wir keine Probleme mit Mäusen in unserem Keller mehr.* I don't know **anybody** who speaks English as well as you do. *Ich kenne keinen, der so gut Englisch spricht wie du.*
- Neither ... nor, neither und not either bieten weitere Möglichkeiten, negative Aussagen zu formulieren. **Neither** Steve **nor** Nick have rung back yet. *Weder Steve noch Nick haben bis jetzt zurückgerufen.* **Neither** of my sisters has got any children. *Keine meiner beiden Schwestern hat Kinder.*

- Will man auf eine verneinte Aussage mit einem verneinten Kurzsatz im Sinne von *auch nicht* antworten, wird **neither** oder **nor** gebraucht. Das Hilfsverb wird nicht zusätzlich mit **not** verneint. **We aren't** experienced climbers. *Wir sind keine erfahrenen Bergsteiger.* **Neither/Nor** are we. *Wir auch nicht.*

21.2 Der verneinte Fragesatz

Grundregel

G Entscheidungsfragen und Fragen mit Fragewort werden verneint, indem das Hilfsverb mit **n't** verbunden wird.

Formen

Hilfsverb + n't/Subjekt/Vollverb
Should**n't** you be at work by now? *Solltest du jetzt nicht auf Arbeit sein?*
Did**n't** he speak to you? *Hat er nicht mit dir gesprochen?*
Fragewort/Hilfsverb + n't/Subjekt/Vollverb
What can**'t** you find? *Was kannst du nicht finden?*
Why did**n't** you ask me? *Warum hast du mich nicht gefragt?*

21.3 Der verneinte Aufforderungssatz

Grundregel

G Verneinte Aufforderungssätze werden mit **don't** oder seltener mit der Langform **do not** (zur besonderen Betonung) eingeleitet. **Don't** put on that jacket. It's still wet from the rain. *Zieh die Jacke nicht an. Sie ist noch nass vom Regen.* **Don't** tell me that you have forgotten to bring the tickets! *Erzähle mir nicht, dass du vergessen hast, die Fahrkarten mitzubringen!* **Do not** touch that. *Fass das ja nicht an!*

22 Der Bedingungssatz

Für den Ausdruck von Ereignissen oder Handlungen, die unter einer bestimmten Bedingung erfüllbar sind oder gewesen wären, verwenden wir Bedingungssätze. Sie bestehen aus einem Hauptsatz mit dem Vorgang, der von der im Nebensatz beschriebenen Bedingung abhängig ist. Dieser Nebensatz wird meistens mit if *wenn* eingeleitet, möglich sind aber auch unless *wenn nicht, es sei denn*, provided/providing that *vorausgesetzt, dass*, in case *im Fall, dass* usw. Im Englischen unterscheiden wir nach ihrem Satzaufbau drei Typen von Bedingungssätzen.

22.1 Der reale Bedingungssatz

Grundregel

G Betrachtet der Sprecher die Bedingung als erfüllbar und damit die Folge als realisierbar, benutzt er den ersten Typ.

Formen und Gebrauch

Bedingungssätze des Typ I mit Zukunftsbezug werden mit *if + Present tense* im Nebensatz und *will-future* im Hauptsatz gebildet. Steht der *if-Satz* an erster Stelle, wird er mit einem Komma vom Hauptsatz getrennt. **If the weather is nice tomorrow, we'll go to the beach.** *Wenn das Wetter morgen schön ist, werden wir an den Strand gehen.*

⚡ Im Hauptsatz können auch *Modalverben im Present tense* oder der *Imperativ* auftreten. **If it's warm enough, we can go swimming.** *Wenn es warm genug ist, können wir schwimmen gehen.*

Im *if-Satz* kann should eine Möglichkeit im Sinne von *falls etwas passieren sollte* ausdrücken. **If I should be late for the meeting, I'll ring you.** *Falls ich zu spät zur Besprechung kommen sollte, rufe ich dich an.*

22.2 Der irreale Bedingungssatz

Grundregel
 Betrachtet der Sprecher Bedingung und Folge in Bezug auf die Gegenwart oder Zukunft als hypothetisch oder sehr unwahrscheinlich, verwendet er den Typ II.

Formen und Gebrauch
Bedingungssätze des Typ II werden mit if + *Past tense* im Nebensatz und would + *Infinitiv* im Hauptsatz gebildet. **If I had** enough money, **I would travel** around the world. *Wenn ich genug Geld hätte, würde ich um die Welt reisen.* Emily **would achieve** much better results at school **if** she **studied** harder. *Emily würde in der Schule viel bessere Ergebnisse erzielen, wenn sie fleißiger lernen würde.*
⚡ Im Hauptsatz können statt would auch andere *Modalverben im Past tense* wie could oder might stehen. **If** we **saved** some money, we **could** go abroad for our holiday. *Wenn wir etwas Geld sparen würden, könnten wir ins Ausland in den Urlaub fahren.*
Auch im irrealen Bedingungssatz kann should im *if*-Satz etwas zufällig Mögliches ausdrücken. **If I should** fall ill, Francis **would** take over. *Sollte ich krank werden, würde Francis übernehmen.*

22.3 Der irreale Bedingungssatz mit Vergangenheitsbezug

Grundregel
 Bezieht sich der Sprecher auf ein nicht mehr realisierbares Geschehen, benutzt er den Typ III. Bedingung und Folge stellen in diesem Fall nur gedachte Vorstellungen dar, die in der Realität nicht zustande kamen.

Formen und Gebrauch
Irreale Bedingungssätze des Typ III werden mit if + *Past perfect* im Nebensatz und would + have + *Past participle*

im Hauptsatz gebildet. **If** we **had walked** home we **would have saved** the taxi fare. *Wären wir nach Hause gelaufen, hätten wir das Geld fürs Taxi gespart.*

◑ Beziehen sich Haupt- und Nebensatz auf verschiedene Zeiten, können auch Bedingungssätze entstehen, die nicht den oben genannten Regeln entsprechen. **I wouldn't be able** to tell you the name of this plant, if my dad **had not taught** me all about plants when I was a child. (HS: Gegenwartsbezug, NS: Vergangenheitsbezug) *Ich könnte dir den Namen dieser Pflanze nicht sagen, wenn mein Vater mir als Kind nicht alles über Pflanzen erklärt hätte.*

23 Die indirekte Rede

Will man Äußerungen eines anderen Sprechers wiedergeben, benutzt man die indirekte Rede. Der Einleitungssatz, der zunächst kenntlich macht, dass es sich um wiedergegebene Rede handelt, enthält Verben wie say, tell, explain oder Verben, die Meinungen, Wünsche, Befürchtungen usw. ausdrücken wie believe, think, hope, be afraid.

23.1 Die Zeitverschiebung

Grundregel

Steht das Verb des Einleitungssatzes im *Present tense, Present perfect* oder *will-future*, bleibt die Zeitform der direkten Rede erhalten. Steht das einleitende Verb jedoch im *Past tense* oder *Past perfect*, werden die Verben aus der direkten Rede meistens in Zeitformen der Vergangenheit versetzt.

Formen

Tom says/has said/will say...
Tom **has said** that he will take me into town.
Die Zeitform bleibt erhalten.
Tom said/had said...
Die Zeitform in der indirekten Rede ändert sich wie folgt:

Direkte Rede	Indirekte Rede
Present tense „I also **want** to go to a café in town."	Past tense He said he also **wanted** to go to a café in town. *Er sagte, dass er auch in der Stadt in ein Café gehen wollte.*
Present perfect „I **have borrowed** the car from my parents."	Past perfect He said he **had borrowed** the car from his parents.

Die indirekte Rede

	Er sagte, dass er das Auto von seinen Eltern geborgt hatte.
Past tense	Past perfect
„I met a nice girl a few days ago."	He said he had met a nice girl a few days earlier.
	Er sagte, dass er ein paar Tage zuvor ein nettes Mädchen getroffen hatte.
Past perfect	Past perfect
„I had seen her at work before."	He said he had seen her at work before.
	Er sagte, dass er sie schon vorher auf Arbeit gesehen hatte.
will-future	Conditional
„I will meet her in a café this afternoon."	He said he would meet her in a café that afternoon.
	Er sagte, dass er sie am Nachmittag in einem Café treffen würde.

⚡ Manchmal sind Präsenszeiten in der direkten Rede nicht von der Zeitverschiebung betroffen, wenn es sich um allgemeingültige Aussagen handelt. The teacher explained to the children that the moon **reflects** the sunlight. *Der Lehrer erklärte den Kindern, dass der Mond das Sonnenlicht reflektiert.*

23.2 Die Zeit- und Ortsangabe

Grundregel

🄖 Bezieht man sich in der indirekten Rede auf Zeiträume, die zum Zeitpunkt der Wiedergabe schon vergangen sind, müssen die Zeitangaben aus der direkten Rede ebenfalls verschoben werden. „I'll come and see you **next** week." She promised me that she would come and see me **the following** week. *Sie versprach mir, dass sie mich in der folgenden Woche besuchen käme.*

ebenso:

today *heute*	→ that day
yesterday *gestern*	→ the day before
this week *diese Woche*	→ that week
tomorrow *morgen*	→ the following day
some minutes ago *vor ein paar Minuten*	→ a few minutes before

Es kann auch notwendig sein, Ortsangaben in der indirekten Rede zu verändern, wenn der Sprecher sich an einem anderen Ort befindet als in der direkten Rede beschrieben. Paul: „I like this holiday resort."
Paul said that he liked **that** holiday resort. *Paul sagte, dass er den Ferienort mochte.*

23.3 Der Frage- und Aufforderungssatz

Grundregel

G Fragewörter bleiben in der indirekten Rede erhalten. Die Wortstellung lautet: Fragewort/Subjekt/Verb.
"**What** is the time?"
He asked me **what** the time was. *Er fragte mich, wie spät es ist.*

Entscheidungsfragen werden in der indirekten Rede mit if oder whether eingeleitet. "Are you tired?" They asked me **if/whether** I was tired. *Sie fragten mich, ob ich müde war.*

Aufforderungssätze werden in der indirekten Rede durch ask oder tell + *Objekt* + *Infinitiv* ausgedrückt. "Carry the bags into the house, please."
My mother **asked** me to carry the bags into the house. *Meine Mutter bat mich, die Taschen ins Haus zu tragen.*